Dentro de una planta

Christina Hill, M.A.

Asesoras

Sally Creel, Ed.D.
Asesora de currículo

Leann Iacuone, M.A.T., NBCT, ATC
Riverside Unified School District

Jill Tobin
Semifinalista
Maestro del año de California
Burbank Unified School District

Créditos de imágenes: págs.20–21 (ilustraciones) Janelle Bell-Martin; todas las demás imágenes cortesía de Shutterstock.

Teacher Created Materials
5301 Oceanus Drive
Huntington Beach, CA 92649-1030
http://www.tcmpub.com
ISBN 978-1-4258-4642-8

Contenido

¡Muchas plantas! 4

Creciendo verdes 8

¡Es hora de comer! 12

Familias de plantas 16

Alrededor del mundo 18

¡Hagamos ciencia! 20

Glosario 22

Índice .23

¡Tu turno! 24

¡Muchas plantas!

Las plantas crecen en todo nuestro alrededor. Tienen muchas formas y muchos tamaños y colores.

Las crujientes zanahorias y las frondosas espinacas son plantas que podemos comer. Los árboles grandes y el pasto verde también son plantas.

espinacas

zanahorias

Las plantas crecen en muchos **hábitats**.
Un cactus vive en el desierto sin mucha
agua. Guarda el agua en sus gruesos tallos.

Este es un hábitat desértico.

En lugares lluviosos, las plantas tienen hojas cerosas. La cera **protege** a las plantas y evita que se mojen demasiado.

Hay mucha agua en un bosque húmedo.

Creciendo verdes

Las plantas comienzan la vida como una semilla. La semilla comienza a crecer si se siembra en la tierra. Necesita agua, luz solar, aire y espacio para crecer.

En el viento

Algunas semillas viajan en el viento antes de **brotar**.

Esta semilla
acaba de brotar.

La semilla empuja las raíces hacia la tierra. Las raíces **absorben** el agua del suelo para que la planta pueda usarla.

Las partes de esta planta trabajan juntas para ayudarla a vivir.

Luego, brota un tallo. El tallo mueve el agua por toda la planta. Finalmente, a la planta le crecen hojas y a veces flores.

Alcanzar el cielo

Las hojas de la planta crecen hacia la luz solar. Las hojas reciben la luz solar para que la planta pueda crecer.

¡Es hora de comer!

Las plantas necesitan alimento para **sobrevivir**. Esto es porque están vivas. ¿Pero alguna vez has visto que una planta coma?

Las plantas necesitan la luz solar y el agua para sobrevivir.

Las plantas son diferentes de otros seres vivos. Producen su propio alimento ¡en su interior!

La planta absorbe aire, agua y luz solar. Convierte todo esto en azúcar. El azúcar se convierte en alimento para la planta. El alimento ayuda a la planta a crecer y a vivir, ¡como nosotros!

Aquí se muestra lo que la planta necesita para hacer su alimento.

luz solar

agua

aire

Pequeños conductos mueven el alimento y el agua a través de la planta.

Familias de plantas

Una vez que la planta crece, libera nuevas semillas. Estas semillas pueden brotar e iniciar un nuevo **ciclo de vida**. Las plantas jóvenes se parecen a su planta madre. Es porque crecieron del mismo tipo de semilla.

Un nuevo girasol crece de esta semilla.

Este girasol liberará nuevas semillas.

Alrededor del mundo

Las plantas se han **adaptado** para mantenerse vivas. Algunas plantas viven en montañas frías. Otras viven en desiertos áridos. Algunas plantas crecen en el océano. ¡Puedes encontrar plantas en casi todas partes!

Estas flores se han adaptado para vivir en el frío.

El alga marina crece
en el océano.

19

¡Hagamos ciencia!

¿Cómo recibe la planta agua en todas sus partes? ¡Intenta esto y verás!

Qué conseguir

- ○ colorante de comida
- ○ crayones y papel
- ○ margaritas blancas
- ○ tijeras
- ○ vaso de plástico lleno de agua

Qué hacer

1 Coloca 10 gotas de colorante de comida en el vaso de agua.

2 Pídele a un adulto que te ayude a cortar los tallos de las margaritas.

3 Coloca las margaritas en el vaso. Usa los crayones para dibujar las margaritas en el papel.

4 Dibuja nuevamente tus flores al finalizar el día. ¿Qué puedes observar sobre los pétalos? ¿Por qué crees que sucedió esto?

Glosario

absorben: consumen o toman

adaptado: cambiado para poder sobrevivir

brotar: comenzar a crecer

ciclo de vida: una serie de etapas que experimentan los seres vivos mientras crecen

hábitats: lugares donde viven las plantas o los animales

protege: mantiene a salvo

sobrevivir: mantenerse con vida

Índice

flores, 11, 18

hábitats, 6, 24

hojas, 7, 11

raíces, 10

semilla, 8–10, 16–17

tallos, 6, 11

¡Tu turno!

Hábitats de plantas

Piensa en el lugar donde vives. ¿Cómo es el hábitat? ¿Hace frío o hace calor? ¿Es seco o lluvioso? Haz una lista de las plantas que crecen en tu área. ¿Por qué crees que estas plantas crecen bien donde vives?